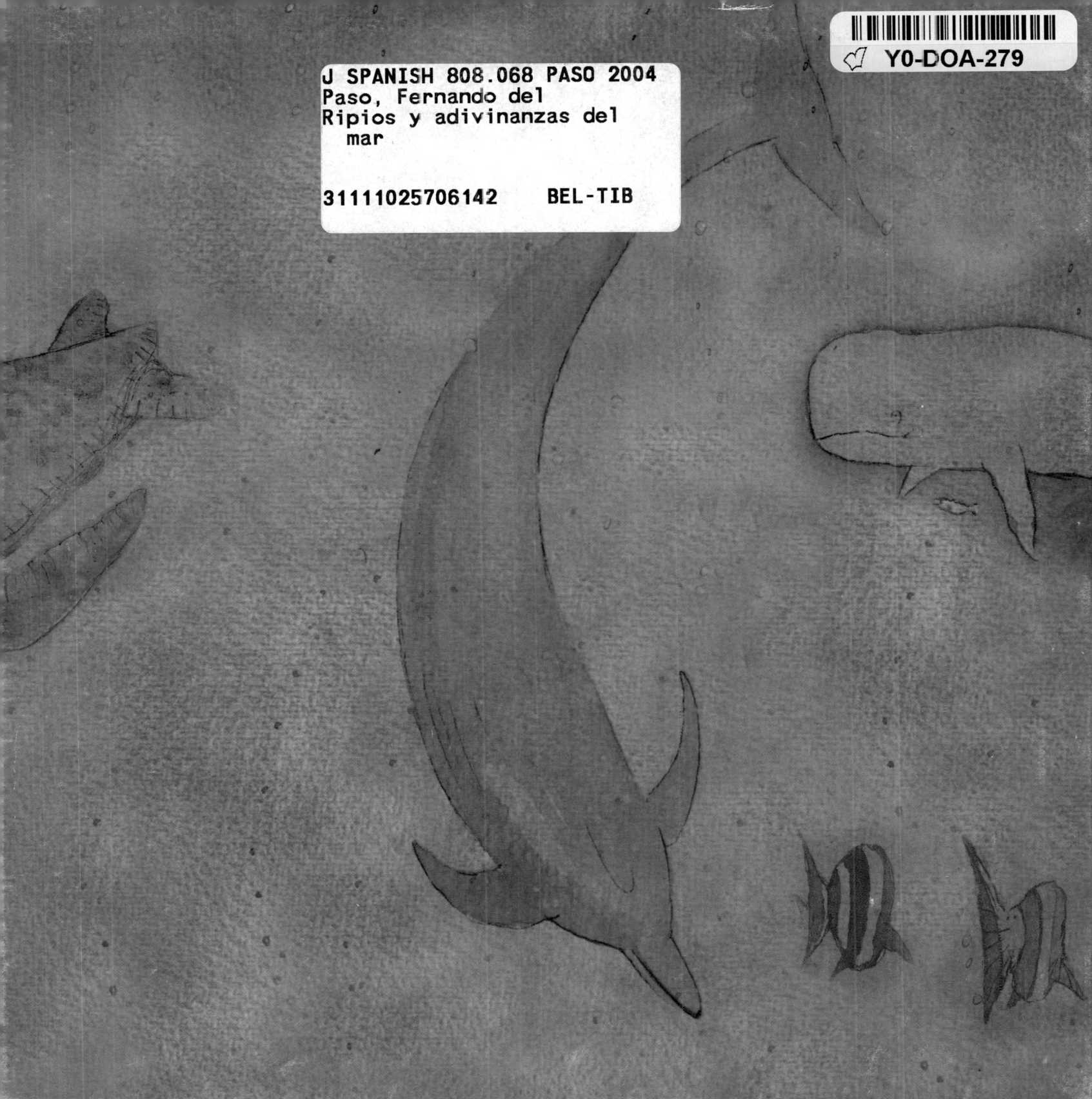

Ripios y adivinanzas del mar

Paso, Fernando del
  Ripios y adivinanzas del mar / Fernando del Paso ;
ilus. de Jonathan Farr. – México : FCE, 2004
  36 p. : ilus. ; 23 x 23 cm – (Especiales A la Orilla del Viento)
  ISBN 968-16-7444-8

  1. Literatura infantil I. Farr, Jonathan, il. II. Ser III. t

LC PZ7 Dewey 808.068 P536r

Primera edición en español: 2004

© 2004 Fernando del Paso

D.R. © 2004, Fondo de Cultura Económica
Av. Picacho Ajusco 227
14200, México, D.F

Editora: Miriam Martínez
Coordinadora de la colección: Andrea Fuentes Silva
Dirección artística: Mauricio Gómez Morin
Diseño: J. Francisco Ibarra Meza

Se prohíbe la reproducción parcial o total de esta obra
—por cualquier medio— sin la anuencia por escrito del titular
de los derechos correspondientes.

www.fondodeculturaeconomica.com

ISBN: 968-16-7444-8

Impreso en México / *Printed in Mexico*

Ripios y adivinanzas del mar

Fernando del Paso

Ilustraciones
Jonathan Farr

LOS ESPECIALES DE
A la orilla del viento
FONDO DE CULTURA ECONÓMICA
MÉXICO

Estos poemas y adivinanzas están dedicados
a mis sobrinos-nietos

Adrián,
que nació en San José de Costa Rica,
Nicole,
que nació en Miami,
y
Gauthier,
que nació en París.

Los ripios son
unos diminutos animalitos
que viven en el fondo del mar
de mi imaginación,
y que me ayudan a hacer versos.

El autor

I

¡Ay, pero qué pena!
Sobrándole tanto el agua,
el mar se lava la cara
con pura arena.

II

Para vivir tiene el pulpo
tentáculos por doquier:
le sirven para comer,
y por ello no lo culpo.

III

Con parsimonia un inglés
le juraba a un holandés:
"Yo nunca he visto una orca
entre Menorca y Mallorca".

IV

Por más que se esconde
la tortuga,
y en su concha se acurruca,
llega el tiburón
y se la manduca.

V

Pasean los caracoles
de conchanácar,
y lucen sus arreboles
de luz y plata.

VI

Desde tiempos muy antiguos
saltaban ya los delfines
al paso de las goletas
y al par que los bergantines.

VII

Redonda, blanca, purísima:
hay que verla
para saber que es bellísima,
la perla.

VIII

Es inmortal el cangrejo
pero sabe más, se dice,
por cangrejo que por viejo.

IX

En una gota del mar
hay verdaderos emporios
de pequeños, irisados,
inocentes infusorios.

X

¡Mira qué fiesta:
sobre las rocas
miles de focas
duermen la siesta!

XI

Mientras más hay en el cielo,
se ven más bellas.
También viven en el mar:
son las estrellas.

XII

Negra y mojada, lustrosa,
sobre las olas galopa
la marsopa.

XIII

Nadie que viva en el mar,
sea ballena o tiburón,
sea delfín o sea esturión,
debería estar jamás
en peligro de extinción.

XIV

Con circunspección coqueta,
elegantes y muy finos,
van, vestidos de etiqueta,
los pingüinos.

XV

A una jugosa toronja,
muy henchida y muy oronda,
amarilla y muy redonda,
era igualita una esponja.

XVI

Aunque no escribe ni pinta,
me asegura un calamar
tener suficiente tinta
para pintar todo el mar.

Adivinanzas del mar

(NOTA: en español, no sólo se dice *el* mar, sino, a veces, también *la* mar, aunque esto se usa poco.)

¿Cuál es el mar más bonito?
LA MAR AVILLA

¿Cuál es el mar más seco?
EL MAR CHITO

¿Cuál es el mar de los dientes?
EL MAR FIL

¿Cuál es el mar que se deshoja?
LA MAR GARITA

¿Cuál es el mar más enredado?
LA MAR AÑA

¿Cuál es el mar que era de oro o de plata?
EL MAR AVEDÍ

¿Cuál es el mar con alas?
LA MAR IPOSA

¿Cuál es el mar militar?
EL MAR ISCAL

¿Cuál es el mar de una esposa?
EL MAR IDO

¿Cuál es el mar que se canta?
LA MAR SELLESA

¿Cuál es el mar que sube y baja?
LA MAR EA

¿Cuál es el mar de las estatuas?
EL MÁR MOL

¿Cuál es el mar que tiene más números?
EL MAR CADOR

¿Cuál es el mar que a veces necesita el corazón?
EL MAR CAPASOS

¿Cuál es el mar que se va de compras?
EL MAR CHANTE

¿Cuál es el mar más noble?
EL MAR QUÉS

¿Cuál es el mar más confuso?
EL MAR EMÁGNUM

¿Cuál es el mar musical?
LA MAR IMBA

¿Cuál el mar roedor?
LA MAR MOTA

¿Cuál es el mar que sabe a licor?
EL MAR RASQUINO

¿Cuál es el mar que más tiembla?
EL MAR EMOTO

¿Cuál es el mar que se parece
a la mantequilla?
LA MAR GARINA

¿Cuál es el mar que pesca?
EL MARTÍN PESCADOR

¿Cuál es el mar que tiene la piel más fina?
LA MAR TACEBELLINA

¿Cuál es el mar más viejo?
EL MAR ICASTAÑA

¿Cuál es el mar que viaja en el mar?
EL MAR INERO

¿Cuál es el mar de los clavados?
EL MAR TILLO

¿Cuál es el mar que sirve de techo?
LA MAR QUESINA

¿Cuál es el mar que sigue a febrero?
EL MAR ZO

¿Cuál es el mar que sigue al lunes?
EL MAR TES

¿Cuál es el mar borrachito?
EL MAR EADO

¿Cuál es el mar que más sufre?
EL MÁR TIR

¿Cuál es el mar más astuto?
EL MAR RULLERO

¿Cuál es el mar que
vive en otro planeta?
EL MAR CIANO

¿Cuál es el mar más olvidado?
EL MAR GINADO

Si en francés "el mar" se dice *la mer,*
¿cómo llamarías en francés al mar más dulce?
LA MER MELADA

Vocabulario para el usuario

(**Está en orden alfabético.** No aparecen en este vocabulario palabras como *arena, rocas, perla, ballena* y otras más que de seguro tú conoces muy bien.)

1. VOCABULARIO DE LOS RIPIOS

ACURRUCARSE
Encogerse, hacerse ovillo, como los niños que antes de nacer están acurrucados en la barriga de su mamá.

ARREBOL
Se llama así al color rojo que a veces tienen las nubes. Por eso, "mejillas arreboladas" quiere decir sonrosadas, chapeadas. En este caso, serían los reflejos sonrosados de los caracoles.

BERGANTÍN
Embarcación con dos palos o mástiles, y de vela en forma de cuadro.

CALAMAR
¿Quién no conoce al calamar? Todos, y todos deberíamos saber que este animal marino, al igual que el pulpo, produce un líquido de color muy oscuro, llamado tinta, con la cual forma una nube para escapar de sus enemigos. Hay otros moluscos cuya tinta es roja. De estos líquidos se obtiene la tinta china y diversos colorantes para teñir telas.

CANGREJO
Sabemos muy bien qué es un cangrejo, pero lo ponemos en este vocabulario para explicar por qué decimos "sabe más por cangrejo que por viejo". Hay un dicho que asegura que "sabe más el diablo por viejo que por diablo", lo que quiere decir que su sabiduría no la tiene nada más por ser diablo, sino porque ha vivido muchos, muchísimos años. Y, como a veces se dice que uno está pensando "en la inmortalidad del cangrejo", pues resulta entonces que, siendo inmortal, el cangrejo es más viejo que el diablo, y por lo tanto sabe más que él por el solo hecho de ser cangrejo.

CIRCUNSPECCIÓN

Esta palabra, según en la frase en la que se encuentre, puede significar varias cosas: moderación, mesura, prudencia o seriedad. Por ejemplo: *Luis actúa siempre con mucha circunspección.*

CONCHANÁCAR

También se escribe concha nácar, y es aquella concha en cuya superficie interior vemos reflejos tornasolados, es decir, colores cambiantes que a veces parecen arco iris desbalagados. Los carpinteros y los ebanistas usan pedacitos de conchanácar para hacer incrustaciones en la madera y, por otra parte, la conchanácar en polvo también se emplea para fabricar cremas suavizantes para la piel. Pregunta qué quiere decir desbalagado, ebanista, incrustaciones y todas las otras palabras que no conozcas de este vocabulario.

COQUETEO

El diccionario señala que una mujer es coqueta cuando le gusta atraer y enamorar a los hombres. Pero todo ser viviente del planeta también puede ser coqueto cuando busca agradar con su belleza o su inteligencia. Por ejemplo, el pavorreal no podría ser más coqueto. Y yo diría que también hay flores y nubes coquetas por naturaleza.

DOQUIER

Esta palabra, que se usa poco, significa, simplemente, "por dondequiera, en dondequiera", es decir, en cualquier parte, en todas partes.

EMPORIO

Entre otras cosas, emporio significa una gran ciudad.

ESTURIÓN

Pez de mar y de agua dulce. La hembra del esturión desova en la desembocadura de los ríos miles de huevecillos color negro que en conjunto se conocen con el nombre de caviar, que es, por cierto, un manjar muy apreciado… y carísimo. Se le llama también caviar a la huevecilla de otros peces, como la del salmón o la de la carpa.

ETIQUETA

Conjunto de ceremonias y costumbres que deben seguirse en ciertas ocasiones. Una de esas costumbres consiste en usar traje de etiqueta, que, en el caso de los señores, es un traje negro con camisa blanca y corbata de moño negra. Vestido así, uno parece pingüino.

EXTINCIÓN

Es el hecho de extinguirse, de acabarse: como cuando el fuego se apaga. Se aplica a todos los animales en peligro de extinción: aves, peces, monos, tortugas y, desafor-

tunadamente, muchos más. Ojalá las cucarachas estuvieran en peligro de extinción.

GOLETA
Es una embarcación de vela, muy esbelta, de bordas poco elevadas, y de dos a cuatro palos o mástiles. Su nombre viene de la palabra *goëland*, que significa golondrina.

HENCHIDA
Llena, harta.

INFUSORIO
Se llaman así unos animalitos microscópicos que viven en los líquidos. Por ejemplo, en las aguas del mar.

IRISADO
Que tiene los colores del arco iris.

JINETE
Se llama jinete al que está montado en un caballo. Esta palabra viene del árabe *zeneta*, dada a los soldados a caballo de los sultanes del Reino de Granada. Parece que si uno va montado en un burro no se puede llamar jinete.

MALLORCA
Es una isla del archipiélago español de Las Baleares. Se llama así porque es la mayor de todas esas islas. Archipiélago se le llama a un conjunto de islas.

MANDUCAR
Manducar era, en otros tiempos, comer. A mi papá le encantaba decir: "¡Llegó la hora de manducar!".

MARSOPA
La marsopa es un cetáceo que se parece al delfín. Los cetáceos, como sabemos, tienen forma de peces pero no son peces, son mamíferos. La ballena es también un cetáceo.

MENORCA
Es otra isla de Las Baleares. Se llama así porque es menor que Mallorca.

ORCA
Cetáceo parecido a una ballena, pero es feroz y se come a las focas.

ORONDA
Hueca, esponjada, llena de presunción; en otras palabras, presumida.

PARSIMONIA
Algo parecido a circunspección (consulta esta palabra).

Los ingleses son famosos por su parsimonia, es decir, su moderación, su calma.

TENTÁCULO
Apéndice móvil que tienen varios moluscos. En el caso del pulpo y otros animales que son sus parientes, los tentáculos son como patas con unas ventosas chupadoras que se adhieren a las presas que caza. El pulpo tiene ocho tentáculos, y por eso su nombre científico es *Octupus vulgaris*.

2. VOCABULARIO DE LAS ADIVINANZAS

(Las palabras están en el orden en que aparecen en las adivinanzas.)

MARCHITO
Una flor está marchita cuando comienza a secarse. Se dice también de una persona o cosa triste, falta de fuerza.

MARFIL
Como sabemos, los dientes están formados por huesitos de una materia dura y blanca, que se llama marfil. También los colmillos de los elefantes son de este material.

MARAÑA
Maraña es un enredo, también un chisme. O algo complicado: *este problema es una maraña*.

MARAVEDÍ
Moneda española antigua. Hubo maravedíes de plata y de oro.

MARISCAL
Grado militar, como capitán, mayor, coronel o general, pero suele ser el más alto de todos. En la historia de Francia ha habido muchos mariscales famosos. En la historia de América Latina, es célebre el Mariscal Sucre, héroe de la independencia de Venezuela.

MÁRMOL
Piedra caliza con la que se hacen esculturas.

MARCADOR
Se trata, desde luego, del marcador de los juegos deportivos.

MARCAPASOS
Aparatito eléctrico que ayuda a los corazones enfermos a latir. En otras palabras, a seguir funcionando.

MARCHANTE
Esta palabra, que se aplica lo mismo al que vende que al que compra una mercancía, se usa poco hoy día. Pero aún podemos escuchar en el mercado el clásico saludo: "Buenos días, marchantita".

MARQUÉS
Título de honor y nobleza, como barón, duque, conde o príncipe.

MAREMÁGNUM
O *mare mágnum*, que significa abundancia y grandeza pero, sobre todo, una gran confusión.

MARMOTA
Mamífero roedor, que duerme todo el invierno. Se le puede domesticar.

MARRASQUINO
Licor, o sea bebida alcohólica, elaborado con cerezas amargas.

MAREMOTO
El equivalente, en el mar, al terremoto.

MARTÍN PESCADOR
Ave de pico largo que vive a la orilla de los ríos y se alimenta de pececitos que pesca con ese pico, gracias a su rapidez.

MARTA CEBELLINA
Mamífero pequeño cuya piel, muy fina y apreciada, sirve para hacer abrigos. Pero la verdad, con tan buenas imitaciones de pieles, no tiene sentido seguir matando a esos pobres y lindos animalitos.

MARICASTAÑA
La expresión "sucedió en los tiempos de Maricastaña", quiere decir que algo tuvo lugar hace muchísimos años, por lo que supongo que Maricastaña existió en tiempos muy, pero muy remotos.

MARQUESINA

Especie de techo, ya sea de vidrio, de manta gruesa u otros materiales, que sale de la fachada de un edificio, para dar sombra y proteger de la lluvia. En los teatros, se llama marquesina al lugar resaltado de la fachada donde se anuncia la obra que se está escenificando.

MÁRTIR

Se llama a la persona que sufre y muere en defensa de un ideal. Por ejemplo, podemos decir que Miguel Hidalgo fue un mártir de la Independencia de México.

MARRULLERO

El que usa astucias y halagos. En México se le dice también al que arma muchos chismes.

MARGINADO

Se dice que los pobres están marginados de la sociedad porque de alguna manera están al margen o fuera de ella, pues no gozan de los beneficios generales. Naciones marginadas son las naciones pobres, desvalidas.

LA MARSELLESA

Himno nacional de Francia, creado durante la Revolución Francesa en 1789.

Ripios y adivinanzas del mar
se terminó de imprimir el mes de diciembre de 2004
en los talleres de Impresora y Encuadernadora Progreso,
S.A. de C.V. (IEPSA), Calzada San Lorenzo
núm. 244; 09830, México, D.F.
El tiraje fue de 10 000 ejemplares
más sobrantes para reposición.